# VENTE

## Après Départ de Mme de W***

LE LUNDI 26 NOVEMBRE 1866 & JOURS SUIVANTS

EN SON HOTEL

RUE DU FAUBOURG SAINT-HONORÉ, 248

AVENUE BEAUCOUR, 13

DE

# DIAMANTS

## BIJOUX, ARGENTERIE, VERMEIL, PLAQUÉ

## TABLEAUX ET OBJETS D'ART

PORCELAINES ET FAÏENCES ANCIENNES

*GUIPURES ANCIENNES DE VENISE*

Fourrures ; Cachemires des Indes ; Dentelles ;
Très-belle Garde-Robe en soie et en velours ;

BEAU LINGE DE CORPS & DE MAISON

ET

## RICHE MOBILIER MODERNE

Par le ministère de Me **Armand BOSSY**, Commre-Priseur
à Paris, y demeurant, rue Montmartre, 122.

LE PRÉSENT CATALOGUE SERVIRA DE CARTE D'ENTRÉE A L'EXPOSITION PARTICULIÈRE.

PARIS — 1866

**RENOU & MAULDE**

IMPRIMEURS DE LA COMPAGNIE DES COMMISSAIRES-PRISEURS

Rue de Rivoli, 144.

# CATALOGUE

D'UN

# RICHE MOBILIER MODERNE

## DIAMANTS

### BIJOUX, PIERRERIES, ARGENTERIE, VERMEIL, PLAQUÉ

FOURRURES, CACHEMIRES DES INDES

**Belles Dentelles anciennes & modernes,**

GARDE-ROBE EN SOIE & VELOURS

Très-beau Linge de Corps et de Maison,

### TABLEAUX, AQUARELLES, BRONZES

**Faïences anciennes, Porcelaines de Chine et de Saxe,**

DONT LA VENTE AUX ENCHÈRES PUBLIQUES AURA LIEU

## RUE DU FAUBOURG-ST-HONORÉ, 248

**AVENUE BEAUCOUR, 13**

Le Lundi 26 Novembre 1866 et jours suivants, à 1 heure précise.

Par le ministère de Me **ARMAND BOSSY**, Commissaire-Priseur,
à Paris, y demeurant, rue Montmartre, no 122,
Assisté de **M. DHIOS**, Expert, rue Le Peletier, 33,
Pour les Tableaux et Objets d'Art,
Et de **M. MARTIN**, Expert, rue Saint-Marc, 20,
Pour les Diamants et Bijoux,
CHEZ LESQUELS SE DÉLIVRE LE CATALOGUE.

**EXPOSITIONS**
- PARTICULIÈRE : Le Samedi 24 Novembre, de midi à 4 heures.
- PUBLIQUE : Le Dimanche 25 Novembre, de midi à 4 heures.

PARIS — 1866

## ORDRE DES VACATIONS

### LUNDI 26 NOVEMBRE :

Diamants, Bijoux, Argenterie française, anglaise & russe. Vermeil & Plaqué.

### MARDI 27 NOVEMBRE :

Tableaux, Aquarelles, Bronzes, Porcelaines & Faïences.
Objets d'art, Meubles Louis XV & Louis XVI.
Très-belles Guipures anciennes de Venise.

### MERCREDI 28 NOVEMBRE :

Fourrures, Cachemires des Indes, Dentelles, Garde-Robe en soie & velours, Linge de corps & de maison.

### JEUDI 29 NOVEMBRE :

Continuation de la Garde-Robe et du Linge de corps.
Meubles, Siéges & Tentures, Porcelaines, Cristaux, Batterie de cuisine.

### VENDREDI 30 NOVEMBRE :

Continuation du Mobilier & de tous les Objets non vendus dans les précédentes Vacations.

## CONDITIONS DE LA VENTE

Elle sera faite au comptant.

Les Acquéreurs paieront, en sus des adjudications, CINQ pour CENT, applicables aux frais.

# DÉSIGNATION

# BIJOUX

## NOMBREUX & BEAUX BIJOUX FRANÇAIS & ÉTRANGERS

Une riche parure en turquoises, et très-beaux brillants composée de : une broche, un collier avec médaillon, deux boucles d'oreilles.

Une très-belle parure en corail rose, composée de : un bracelet, un collier, une broche, deux boucles d'oreilles, deux boutons de manchettes, un peigne et un diadème.

Une parure composée de : une broche, deux boucles d'oreilles, deux boutons de manchettes, le tout monté d'onyx noir et blanc avec rubis.

Une parure en or composée de : une broche, deux boutons de manchettes.

Une broche montée de trois gros brillants, douze plus petits avec pendeloque formée d'une grosse perle entourée de diamants.

Un bracelet serpent monté de douze gros brillants, et un rubis.

Un bracelet monté de turquoises et orné de demi-perles et diamants.

Un bracelet en or émaillé, monté de lapis lazuli, perles fines et émeraudes (de Castellani).

Un autre émaillé noir avec turquoises.

Un autre orné de quatre très-belles médailles en argent doré.

Une paire de boucles d'oreilles montées de deux opales et vingt-deux brillants.

Une broche ornée de pierres anciennes gravées, grenats, émeraudes, roses et rubis.

Trois autres montées de turquoises, améthyste et coquille gravée.

Une broche, deux boucles d'oreilles émaillées vertes, glands de chêne, montées de perles, brillants et roses.

Trois boutons de chemise montés chacun d'un brillant.

Quantité de boutons montés de perles, roses, turquoises, lapis lazuli, jaspe sanguin, corail.

Une très-belle montre Louis XV avec châtelaine, garnie de ses breloques et ornée de turquoises et pierres de couleurs.

Une Montre de femme, en or, avec émail bleu, chiffre en diamants; Agrafe émaillée bleue avec roses.

Ombrelle en dentelle, manche en ivoire, garniture en or, avec perles et grenats.

Bagues montées de diamants, émeraudes, rubis.

Divers bijoux non catalogués.

## BELLE ET NOMBREUSE ARGENTERIE

### FRANÇAISE, RUSSE ET ANGLAISE

Douze couverts et douze couteaux en argent français.

Douze couverts et douze couteaux en argent russe.

Fourchettes à huîtres.

Service à découper.

Casserole, sucriers, pots à lait, théière, cafetière, bol, corbeilles à gâteaux et à fruits, cuillères à sucre, à potage et à ragoût, truelle à poisson, pinces à sucre et à asperges, salières, moutardier et autres.

Très-beau nécessaire de voyage.

## VERMEIL FRANÇAIS & RUSSE

Six couverts d'entremets, six couteaux.

Seize cuillères à café.

Une boîte contenant un couvert, une cuillère à fruits, un couteau.

Une autre contenant un couvert, un couteau.

Une autre contenant un couvert, une cuillère à café, un couteau.

Un autre contenant un couvert, une cuillère à café, un couteau.

Une autre contenant un couvert, un couteau.

Une autre contenant une pince à sucre, une cuillère à compote et une autre à verre d'eau.

Salières, boîte à thé, timbales, pince à sucre, passe-thé et autres.

## PLAQUÉ

Couverts, service à découper, couteaux, huilier, ménagère, cafetières, théières, timbales, salières, coquetiers, plateaux ronds et ovales, grands et petits, etc., etc.

# TABLEAUX

## AQUARELLES, DESSINS, BRONZES

## OBJETS D'ART, MEUBLES ANCIENS

## DENTELLES ANCIENNES

1 — GRANET. Intérieur d'un cloître.

2 — H. VERNET. Course de chevaux.

3 — DELATRE. Chèvres dans une étable.

4 — LOUTHERBOURG. Jeune Paysanne conduisant un taureau et deux vaches. (Paysage.)

5 — GUIDE (d'après le). Portrait de Béatrix Cenci.

6 — J.-B. LEPRINCE. Scène pastorale.

7 — ÉCOLE DE L'ALBANE. Vénus entourée d'Amours. (Miniature.)

8 — ÉCOLE DE L'ALBANE. Diane au repos. (Miniature.)

9 — DUPRÉ. Tête de vieillard.

10 — VAN FALENS. Halte dans une hôtellerie.

11 — Portrait de Jeune Femme (Louis XV).

12 — ZORG. Intérieur hollandais.

13 — DANIEL FALCONE. Cavalier faisant l'aumône.

14 — PASTINA. Grotte des Capucins à Amalfy.

15 — FERDINAND BOL. Tête de vieillard coiffé d'un turban.

16 — GENILLON. Voyageur arrêté à la maison d'un paysan.

17 — BOUCHER. Nymphe surprise par un satyre.

18 — ED. DE BEAUMOND. Scène de Carnaval. (Dessin.)

19 — AUG. DE BAY. Allégorie amoureuse.

20 — J. DELAUNAY 1862. Fruits. (Deux tableaux.)

## ÉCOLES MODERNES FRANÇAISE, ITALIENNE & ALLEMANDE

MAES. Jeune Garçon endormi.

La Prière à la Madone. (Ovale.)

MAES. Ménagère napolitaine.

Famille surprise par l'orage.

Brigand italien présentant son poignard au confessionnal.

Sites montagneux. Sur le premier plan, la Vierge et l'Enfant Jésus au repos.

Paysage suisse.

Médaillons ronds, figures et paysages.

Nymphe surprise par l'Amour.

Types italiens.

Vénus et l'Amour.

Huit tableaux : Vues d'Italie.

Quatre Vues d'Italie. (Aquarelles.)

Plusieurs albums; sites de voyages.

---

# OBJETS D'ART

Coupes, statuettes, presse-papiers en bronze, coffret en malachite, guéridons en mosaïques. Meubles Louis XV et Louis XVI en bois de rose orné de bronzes dorés. Porcelaines de Chine et de Saxe et faïences italiennes.

**Très belles Guipures anciennes de Venise**, pour rideaux, stores, dessus de meubles. — Une garniture de lit complète. — Garniture de toilette, et bandes de guipures grandes et petites à tous usages.

# MOBILIER

(REZ-DE-CHAUSSÉE

## Salon.

Un meuble de salon en bois doré foncé de soie cerise composé de : un grand canapé, un tête-à-tête, deux grands et deux petits fauteuils, deux confortables.

Trois consoles de coin et d'entre-deux en bois doré avec marbre blanc.

Un grand guéridon en bois doré à dessus de marbre blanc.

Belle garniture de cheminée en bronze doré, bleu de Sèvres, style Louis XVI, composée de : une pendule sur socle, deux candélabres à six lumières chaque et deux lampes.

Garniture complète en bronze pour foyer.

Un lustre à douze lumières, bronze et cristaux.

Quatre appliques à trois lumières chaque, bronze et cristaux.

Coffre à bois, pouff en tapisserie, écran brodé en soie.

Six chaises dorées foncées de soie cerise.

Six rideaux en damas de Lyon, avec embrasses en soie et patères en cuivre doré.

Un grand tapis en Moquette, genre Smyrne.

## Petit Salon.

Piano en palissandre à sept octaves de Baranski, avec casier à musique et tabouret en palissandre.

Meubles d'entre-deux en bois de rose, avec ornements en cuivre.

Un tabouret à quatre pieds en tapisserie.

Un autre en bois doré foncé de soie cerise.

Deux corbeilles à fleurs en bois de rose.

Un petit lustre à six lumières, bronze et cristaux.

Deux appliques à trois lumières chaque, bronze et cristaux.

Six rideaux molletonnés en damas de soie, avec embrasses en soie et patères en bronze doré.

## Salle à Manger.

Un buffet, une table et six chaises foncées d'étoffe orientale capitonnée, une table carrée et deux consoles. Le tout en chêne sculpté.

Une suspension en acier poli avec lampe et six bougies.

Deux rideaux en étoffe orientale avec galerie en chêne sculpté.

Un tapis garnissant la pièce.

Deux services en porcelaine à filets bleu et or, un autre en porcelaine anglaise.

Verrerie et cristaux.

PREMIER ÉTAGE.

## Antichambre.

Deux pouffs en tapisserie, un coffre à bois velours et tapisserie, jardinière et tabouret en tapisserie. — Guéridon en bois peint, tapis de table et autres.

## Boudoir.

Un meuble foncé d'étoffe orientale composé de :

Un canapé, deux coussins, deux coins de feu, deux chaises.

Table en palissandre; petit bureau de dame en bois de rose à étagère vitrée, un petit meuble en bois de rose, tabourets en tapisserie.

Garniture de foyer en bronze doré.

*Garniture de cheminée en bronze doré avec médaillons*, composée de une pendule, deux candélabres à trois lumières chaque.

Cinq rideaux de même étoffe que les meubles, avec embrasses et patères.

Divers menus objets.

## Chambre à Coucher.

Un lit à quatre colonnes en chêne sculpté, capitonné en soie jaune, avec sommier élastique et literie, et sa garniture composée de sept rideaux en soie jaune doublée de soie blanche, huit rideaux en mousseline brodée garnis de guipure ancienne de Venise et un dessus en même guipure.

Une armoire à glace, trois bahuts, un bureau, deux petits guéridons, un canapé avec ses coussins, deux petits fauteuils, une chaise, le tout en bois de chêne sculpté foncé de soie jaune.

Garniture de cheminée en bronze doré et marbre blanc composée de : une pendule, deux candélabres à trois lumières chaque.

Garniture de foyer en bronze.

Six rideaux de fenêtres en soie jaune, bâtons et embrasses.

Tapis d'appartement et de foyer.

GLACES

---

## BIBLIOTHÈQUE

220 Volumes reliés : Œuvres et Romans divers, français et italiens.

Partitions et Morceaux de musique.

---

## GARDE-ROBE

TRÈS-NOMBREUSE & TRÈS-RICHE GARDE-ROBE
en Soie & Velours.

Deux magnifiques Cachemires des Indes, long et carré.

**Fourrures.** — Manteaux, Pèlerines, Manchons, Boas en vison, martre, petit-gris, martre zibeline, renard blanc et autres.

*Dentelles de Chantilly.* — Application d'Angleterre. — Point d'Alençon. — Belles Guipures noires et blanches.

**Belles Ombrelles et riches Éventails.**

---

## BEAU LINGE DE MAISON & DE CORPS

### MEUBLES DIVERS A TOUS USAGES

Glace-Psyché, Bibliothèque, Toilettes-Commodes, Commodes, Guéridon', Divan, Chiffonnier, Fauteuils, Lits et Toilettes en fer, Flambeaux, Garnitures de foyer, bonne Literie, etc., etc.

---

### BATTERIE DE CUISINE

---

Orangers. — Canapé, Fauteuils et Chaises en fer pour Jardin.

---

Renou et Maulde, imprimeurs de la Compagnie des Commissaires-Priseurs, rue de Rivoli, 144. 56201

www.ingramcontent.com/pod-product-compliance
Lightning Source LLC
LaVergne TN
LVHW010332230826
846091LV00009B/3826

* 9 7 8 2 3 2 9 5 1 1 1 0 8 *